BEI GRIN MACHT SICH IHR WISSEN BEZAHLT

- Wir veröffentlichen Ihre Hausarbeit, Bachelor- und Masterarbeit

- Ihr eigenes eBook und Buch - weltweit in allen wichtigen Shops

- Verdienen Sie an jedem Verkauf

Jetzt bei www.GRIN.com hochladen und kostenlos publizieren

Bibliografische Information der Deutschen Nationalbibliothek:

Die Deutsche Bibliothek verzeichnet diese Publikation in der Deutschen Nationalbibliografie; detaillierte bibliografische Daten sind im Internet über http://dnb.d-nb.de/ abrufbar.

Dieses Werk sowie alle darin enthaltenen einzelnen Beiträge und Abbildungen sind urheberrechtlich geschützt. Jede Verwertung, die nicht ausdrücklich vom Urheberrechtsschutz zugelassen ist, bedarf der vorherigen Zustimmung des Verlages. Das gilt insbesondere für Vervielfältigungen, Bearbeitungen, Übersetzungen, Mikroverfilmungen, Auswertungen durch Datenbanken und für die Einspeicherung und Verarbeitung in elektronische Systeme. Alle Rechte, auch die des auszugsweisen Nachdrucks, der fotomechanischen Wiedergabe (einschließlich Mikrokopie) sowie der Auswertung durch Datenbanken oder ähnliche Einrichtungen, vorbehalten.

Impressum:

Copyright © 2015 GRIN Verlag, Open Publishing GmbH
Druck und Bindung: Books on Demand GmbH, Norderstedt Germany
ISBN: 9783668246126

Dieses Buch bei GRIN:

http://www.grin.com/de/e-book/334472/ist-abtreibung-toetung-eine-antwort-aus-medizinischer-philosophischer

Lea Weritz

Ist Abtreibung Tötung? Eine Antwort aus medizinischer, philosophischer und theologischer Sicht

GRIN Verlag

GRIN - Your knowledge has value

Der GRIN Verlag publiziert seit 1998 wissenschaftliche Arbeiten von Studenten, Hochschullehrern und anderen Akademikern als eBook und gedrucktes Buch. Die Verlagswebsite www.grin.com ist die ideale Plattform zur Veröffentlichung von Hausarbeiten, Abschlussarbeiten, wissenschaftlichen Aufsätzen, Dissertationen und Fachbüchern.

Besuchen Sie uns im Internet:

http://www.grin.com/

http://www.facebook.com/grincom

http://www.twitter.com/grin_com

Inhaltsverzeichnis

1. Einleitung 1
2. Medizinische Sicht 2
   2.1. Biologischer Entwicklungsstand 2
   2.2. Schmerzempfinden ungeborener Kinder 3
3. Philosophische Sicht 4
   3.1. Das Recht auf Leben 4
      3.1.1. Überlebensinteresse 5
      3.1.2. Der Fötus als Person 6
4. Theologische Sicht 7
   4.1. Papst Benedikt XVI: Klarstellung zur vorsätzlichen Abtreibung 7
   4.2. Das Recht des Lebens als fundamentales Gut 9
5. Zusammenfassung und Bewertung der Ergebnisse 9

1. Einleitung

Im Rahmen dieser Facharbeit werde ich mich mit der Fragestellung „Ist Abtreibung Tötung" auseinandersetzen. Diese Frage werde ich aus medizinischer, philosophischer und theologischer Sicht betrachten, um ein genaues Bild über diese Thematik zu erlangen.

Durch mein Umfeld bin ich auf das Thema gestoßen und habe außerdem einen Bericht im Fernsehen gesehen, der mich dazu angeregt hat, über dieses Thema zu schreiben. Gerade, weil es sehr aktuell ist und viele verschiedene Sichtweisen dazu vertreten sind, wollte es mir genauer anschauen und mir meine eigene Meinung dazu bilden. Vor allem, weil unserer Gesellschaft immer mehr medizinische Mittel zur Verfügung stehen, doch bei solchen Themen wie Abtreibung trotzdem die Moral berücksichtigt werden muss, kommt es schnell zu Meinungsverschiedenheiten und Auseinandersetzungen.

Ich werde mich aus biologischer Sichtweise mit dem Schmerzempfinden ungeborener Kinder auseinandersetzen und ihren Entwicklungsstand klären, um herauszufinden, ob diese die Abtreibung spüren würden. Aus der philosophischen Sicht ist zu klären, welche Wesen ein Recht auf Leben haben, ob der Fötus ein Interesse daran besitzt zu überleben und ob dieser als eine Person angesehen werden kann. Da die Philosophie sehr viele verschiedene Sichtweisen zulässt, werde ich mich auf ein bis zwei mir schlüssige beschränken. Desweiteren ist aus der theologischen Sicht die Position des Papstes und das Recht auf Leben aus kirchlicher Sicht herauszustellen.

2. Medizinische Sicht

2.1. Biologischer Entwicklungsstand

Als erstes sind die Entwicklungsstände des Fötus bis zur Geburt zu klären, um beurteilen zu können, ab welchem Zeitpunkt dieser als Mensch gilt.

„Schon die sogenannte ‚Befruchtung'- die häufig als Beginn der Schutzwürdigkeit der menschlichen Keimzellen angesehen wird- löst sich auf in mehrere Phasen: das Eindringen des Spermiums in die Eizelle; die Entstehung eines weiblichen und eines männlichen ‚Vorkerns'; die Vereinigung der beiden einzelnen [...] Chromosomensätze."[1]

Folglich ist es unklar was genau unter Befruchtung zu verstehen ist und es ist außerdem zu klären, ab welchem Zeitpunkt menschliches Leben zu schützen ist.

Ungefähr am 14. Tag nach der Empfängnis, setzt die eigentliche Embryonalentwicklung ein und erst in der 8. Woche, nachdem sich die Anlagen der Organe gebildet haben, spricht man überhaupt von einem Fötus.[2] Von dort an wächst der Fötus nur noch, da er bereits alle Organe besitzt.

Ein weiterer wichtiger Aspekt ist, dass die gesamten genetischen Informationen, in Form von DNA, „in der Zygote bereits vorhanden [sind] [und] daß das Neuralrohr, aus dem sich später das Gehirn entwickelt, sehr früh angelegt ist."[3] Das heißt, dass seit die DNA vorhanden ist, der Mensch mit seinen Merkmalen und seiner Individualität vorherbestimmt ist.

„Schon in der 11. Woche tanzt das Baby."[4] Der Fötus beginnt, sich zu bewegen, die Knie zu beugen und sich von der Wand abzustoßen. Diese

---

[1] Kuhlmann, Andreas, *Abtreibung und Selbstbestimmung*, Die Intervention der Medizin, Frankfurt am Main 1996, S.14.
[2] Vgl. Kuhlmann, Andreas, a.a.O., S.14.
[3] Kuhlmann, Andreas, a.a.O., S.16.
[4] Hoffacker/Steinschulte/Fietz/Brinsa (Hrsg.), *Auf Leben und Tod*, Abtreibung in der Diskussion, Bergisch Gladbach 1985, S.23.

Bewegungen lassen sich mit Tanzen vergleichen und wurden von dem englischen Arzt Dr. Ian McDonald zu einem Film hergestellt.[5]

2.2. Schmerzempfinden ungeborener Kinder

Zunächst gilt es den Begriff Schmerz zu definieren. Laut der International Association for the Study of Pain ist Schmerz „eine unangenehme, sensorische und emotionale Erfahrung, die mit einer tatsächlichen oder potentiellen Schädigung von Gewebe ver/bunden ist oder als eine solche beschrieben wird."[6] Ein schmerzhafter auf den Körper einwirkender Reiz wird von Schmerzrezeptoren aufgenommen und in Signale umgewandelt, die über Nervenfasern an das Rückenmark weitergegeben werden. Dort werden diese auf motorische Nervenfasern umgeschaltet, die eine Reflexreaktion auslösen.[7]

Anschließend muss herausgefunden werden, ob und wann ein Fötus diese Möglichkeit zur Wahrnehmung von Reizen, Schmerzrezeptoren und Nervenfasern besitzt. N. Okado fand heraus, dass es ab der 8. Schwangerschaftswoche „Nervenverbindungen zwischen den ins Rückenmark eintretenden sensorischen Fasern und motorischen Fasern [gibt], die eine Reflexreaktion auf den schmerzhaften Reiz ermöglichen."[8] Nach der 9. Schwangerschaftswoche sind sensorische Rezeptoren, die Schmerzreiz aufnehmen können, vorhanden. Damit sind die Grundlagen für reflexives Verhalten gewährleistet. Und nach der 15. Woche sind am ganzen Körper sensible Nervenfasern existent.[9]

Obwohl die Voraussetzungen für eine Schmerzempfindung gegeben sind, setzt diese Bewusstsein voraus, welches nicht medizinisch beweisbar ist.[10] Folglich kann nicht bewiesen werden, dass Feten in der Lage sind Schmerz

---

[5] Hoffacker/Steinschulte/Fietz/Brinsa (Hrsg.), *Auf Leben und Tod*, Abtreibung in der Diskussion, Bergisch Gladbach 1985, S.23.
[6] Hoffacker/Steinschulte/Fietz/Brinsa (Hrsg.), a.a.O., S.48/49.
[7] Vgl. Hoffacker/Steinschulte/Fietz/Brinsa (Hrsg.), a.a.O., S.49.
[8] Hoffacker/Steinschulte/Fietz/Brinsa (Hrsg.), a.a.O., S.50.
[9] Vgl. Hoffacker/Steinschulte/Fietz/Brinsa (Hrsg.), a.a.O., S.50.
[10] Vgl. Hoffacker/Steinschulte/Fietz/Brinsa (Hrsg.), a.a.O., S.56.

zu empfinden. Dieses kann allerdings auch nicht widerlegt werden. Die Frage nach dem Bewusstsein, wird zu einem philosophischen Problem, dessen Sicht im Folgenden behandelt wird.

3. Philosophische Sicht

3.1. Das Recht auf Leben

Zunächst stellt sich die Frage, ob ungeborene Kinder überhaupt ein Recht auf Leben besitzen.

Der Artikel 2 Absatz 2 des Grundgesetzes über das Recht auf Leben bezieht sich nicht auf „'menschliches Leben im naturwissenschaftlichen Sinn', sondern auf einen idealen Gegenstand, der sich erst konstituiert durch ‚gesellschaftliche Relevanz, Erwartungen und Wertschätzungen'. Symbolisch vermittelte Interaktion und Kommunikation sind konstitutiv für menschliches Leben als Rechtsgut."[11] Folgernd daraus ergibt sich, dass der Fötus kein Recht auf Leben hätte. Aber hätten Neugeborene dann dieses Recht?

Laut Norbert Hoerster sind Föten menschliche Individuen und diesen stehe ein Lebensrecht zu. Dies ist allerdings mit Einschränkung zu betrachten, wenn der Schwangeren durch den Fötus eine Lebensgefahr droht. Trotzdem ist er der Meinung, dass die Zugehörigkeit zur menschlichen Spezies als Grundlage für das Recht auf Leben vollkommen willkürlich gesetzt ist, da man das Lebensrecht nicht an die bloße Zugehörigkeit irgendeiner biologischen Kategorie knüpfen könne. Außerdem gehören wir Menschen nicht nur der biologischen Spezies Homo sapiens an, sondern noch der Klasse der Säugetiere. Deshalb müsste „jedem lebendem Wesen" ein Lebensrecht zustehen, allerdings grenzen wir hier die Säugetiere aus, die

---

[11] Hoffacker/Steinschulte/Fietz/Brinsa (Hrsg.), *Auf Leben und Tod*, Abtreibung in der Diskussion, Bergisch Gladbach 1985, S.123.

nicht der Spezies Homo sapiens angehören.[12] Deshalb muss das Lebensrecht auch an anderen Grundlagen festgemacht werden können und nicht nur an der Zugehörigkeit einer bestimmten Spezies.

3.1.1. Überlebensinteresse

Außerdem stellt sich die Frage, ob Föten ein Überlebensinteresse besitzen.

„Um ein Interesse an x haben zu können, muß jemand vielmehr- sofern sein Interesse an x nicht unmittelbar auf einen Wunsch nach x zurückgeht- einen Wunsch haben, für dessen Verwirklichung x eine notwendige und geeignete Bedingung ist."[13] Ein Lebewesen hat also dann ein Überlebensinteresse, wenn es einen Überlebenswunsch hat. Dieser muss auf sein eigenes Leben auf irgendeinen künftigen Zeitpunkt gerichtet sein. Es hat auch jenes Wesen ein Interesse am Überleben, das einen Wunsch hat, für dessen Erfüllung das eigene Überleben eine Voraussetzung darstellt. Wenn man also den Wunsch hat jetzt etwas zu Essen oder nächste Woche Schwimmen zu gehen, hat man automatisch ein Überlebensinteresse. Hierfür ist nicht der Wunsch zu Überleben erforderlich. Folglich hat jedes Lebewesen mit Wünschen ein Überlebensinteresse.[14]

Trotzdem muss man zwischen gegenwärtigen und zukünftigen Wünschen unterscheiden. Denn zukünftige Wünsche, die zu einem Überlebensrecht führen, können nur von personalen Wesen und nicht von Föten getätigt werden. Wieso der Fötus kein personales Lebewesen ist, wird später noch erläutert. Gegenwartsbezogenen Wünschen ist ein gewisses Überlebensinteresse zuzuschreiben, da bis zur Verwirklichung dieses das Überleben erforderlich ist. Der Fötus hat diese gegenwartsbezogenen Wünsche, beziehungsweise Empfindungen allerdings erst im Spätstadium. Da das auf gegenwartsbezogene Wünsche basierende Überlebensinteresse auf mangelnder Kontinuität und somit auch auf mangelndem Gewicht beruht, wäre empfindungsfähigen Lebewesen kein Recht auf Leben

---

[12]Vgl. Norbert Hoerster, *Abtreibung im säkularen Staat,* Argumente gegen den §218, Frankfurt am Main 1991 und 1995, S.55-57.
[13] Norbert Hoerster, a.a.O., S.72.
[14] Vgl. Norbert Hoerster, a.a.O., S.73.

zuzuweisen. Wenn doch, hätte es auf jeden Fall weniger Gewicht als das der personalen Lebewesen.[15] Folglich wären die Interessen der Schwangeren, die aus persönlichen Gründen abtreiben möchte, wichtiger als die des Fötus.

Trotzdem könnte ein „Interesse [in der Bevölkerung] an der Existenz dieser Wesen dafür sprechen, ihnen- auch ohne Einräumung eines eigenständigen Lebensrechtes- einen gewissen Lebensschutz zu gewähren."[16]

3.1.2. Der Fötus als Person

Es stellt sich die Frage, ob der Fötus eine Person ist. Denn Personen steht ein Lebensrecht zu.

Die Personwerdung eines menschlichen Individuums lässt sich als „ein kontinuierlicher Prozeß"[17] beschreiben. Es handelt sich um eine Person, wenn diese sich seiner Identität bewusst ist, also ein Ichbewusstsein besitzt, und in der Lage ist zu reflektieren.[18]

Bei einem Neugeborenen sind diese Aspekte der Personalität nicht zu finden, denn es fehlen ihnen die neurophysiologischen Voraussetzungen. Da der Fötus bei dieser Entwicklung wohl kaum der des Neugeborenen voraus ist, kann man sagen, dass auch der Fötus noch kein Ichbewusstsein besitzt, da dieses erst zu irgendeinem Zeitpunkt nach der Geburt vorhanden ist.[19] Deshalb steht dem Fötus unter dem Aspekt der Personalität kein Lebensrecht zu.

Trotzdem stellt der Fötus eine potentielle Person dar, die unter normalen Umständen eine Personalität und ein Überlebensinteresse entwickelt. Jedoch würde es keinen Unterschied machen, ob eine Person als Fötus abgetrieben oder gar nicht erst gezeugt worden wäre. So würde es nie zur Realisierung dieses Überlebensinteresses kommen. Wenn man also dem Fötus als potentielle Person ein Lebensrecht anerkennen würde, müsste man ebenso

---

[15] Vgl. Norbert Hoerster, *Abtreibung im säkularen Staat,* Argumente gegen den §218, Frankfurt am Main 1991 und 1995, S.88-92.
[16] Norbert Hoerster, a.a.O., S.96.
[17] Norbert Hoerster, a.a.O., S.79.
[18] Vgl. Norbert Hoerster, a.a.O., S.75.
[19] Vgl. Norbert Hoerster, a.a.O., S.80.

der Eizelle ein Recht auf Befruchtung zugestehen, da sich daraus ein potentieller Fötus entwickeln würde.[20]

Deshalb steht dem Fötus unter den Aspekten des Überlebensinteresses und der Personalität kein Lebensrecht zu, da beides noch nicht vorhanden ist. Das Überlebensinteresse zwar schon im Bezug auf gegenwartsbezogene Wünsche, jedoch ist es dem Interesse der abtreibungswilligen Schwangeren unterzuordnen.

Nach Professor Dr. phil. Dr. h. c. Robert Spaemann jedoch ist eine Person „jedes Wesen einer Spezies, deren normale Mitglieder die Möglichkeit haben, Ich-Bewußtsein und Rationalität zu erwerben."[21] Desweiteren würde gegen Hoersters Aussage, dass nur die Wesen Personen sind, die aktuell über diese Eigenschaften einer Person verfügen, sprechen, dass man folglich einen Schlafenden, der zur Zeit des Schlafens keine Person ist, töten könnte. Es gibt also nur personale Zustände. Außerdem lernen Kinder Rationalität und Ichbewusstsein nur durch die Sprache und dass die Mutter mit ihnen wie mit Personen spricht. Deshalb müssen alle Individuen der Spezies Homo sapiens wie Personen betrachtet werden, auch diejenigen, die noch nicht die Eigenschaften einer Person besitzen.[22]

4. Theologische Sicht

4.1. Papst Benedikt XVI: Klarstellung zur vorsätzlichen Abtreibung

Am 11.07.2009 verfasste Papst Benedikt XVI eine Klarstellung zur vorsätzlichen Abtreibung. Hierin bezieht er sich auf verschiedene Bibelstellen und auch auf vorherige Päpste, um seine Position zu verdeutlichen.

---

[20] Vgl. Norbert Hoerster, *Abtreibung im säkularen Staat,* Argumente gegen den §218, Frankfurt am Main 1991 und 1995, S.102.
[21] Hoffacker/Steinschulte/Fietz/Brinsa (Hrsg.), *Auf Leben und Tod*, Abtreibung in der Diskussion, Bergisch Gladbach 1985, S.135.
[22] Vgl. Hoffacker/Steinschulte/Fietz/Brinsa (Hrsg.),a.a.O., S.135-136.

„Das menschliche Leben ist vom Augenblick der Empfängnis an absolut zu achten und zu schützen. Schon im ersten Augenblick seines Daseins sind dem menschlichen Wesen die Rechte der Person zuzuerkennen, darunter das unverletzliche Recht jedes unschuldigen Wesens auf das Leben. 'Noch ehe ich dich im Mutterleib formte, habe ich dich ausersehen, noch ehe du aus dem Mutterschoß hervorkamst, habe ich dich geheiligt' (Jer 1,5)"[23]

Die Lehre der Kirche, Abtreibung sei moralisch verwerflich, ist unveränderbar. "Du sollst ... nicht abtreiben noch ein Neugeborenes töten" (Didaché 2,2). Abtreibung stellt desweiteren ein Vergehen gegen das sittliche Gesetz dar, denn Gott habe den Menschen die Aufgabe zur Erhaltung des Lebens gegeben. Außerdem stellt die alleinige Mitwirkung an einer Abtreibung ein Vergehen dar, das mit Exkommunikation bestraft wird. "Wer eine Abtreibung vornimmt, zieht sich mit erfolgter Ausführung die Tatstrafe der Exkommunikation zu" (CIC, can. 1398). Denn der Schaden gegenüber dem getöteten Kind, seinen Eltern und der Gesellschaft sei nicht wieder auszugleichen. Ein fundamentales menschliches Recht ist "das Recht auf Leben und auf leibliche Unversehrtheit jedes menschlichen Wesens vom Augenblick der Empfängnis an bis zum Tod" (Donum vitae, 3). Wenn das Gesetz einem menschlichen Individuum das Recht auf Leben nimmt, dann leugnet der Staat die Gleichheit aller. Auch Papst Johannes Paul II bestätigt diese Lehre, dass Abtreibung ein schweres sittliches Vergehen darstellt. Außerdem erklärt er, dass es für ein Kind nie besser wäre nicht geboren zu werden, auch nicht wenn es unter dem Existenzminimum leben müsste. Nach Pius XII gibt es die Ausnahme, dass wenn die Mutter eine dringende Operation benötigt und dabei die Tötung des Fötus eine Nebenwirkung ist, dann wäre die Operation erlaubt. Aber nur wenn sie lebensnotwendig ist.[24]

---

[23] L'Osservatore Romano, Klarstellung zur vorsätzlichen Abtreibung [online], 11.07.2009, http://www.vatican.va/roman_curia/congregations/cfaith/documents/rc_con_cfaith_doc_20090711_aborto-procurato_ge.html, 23.03.2015.
[24] Vgl. L'Osservatore Romano, Klarstellung zur vorsätzlichen Abtreibung [online], 11.07.2009, http://www.vatican.va/roman_curia/congregations/cfaith/documents/rc_con_cfaith_doc_20090711_aborto-procurato_ge.html, 23.03.2015.

4.2. Das Recht des Lebens als fundamentales Gut

„Das erste Recht einer menschlichen Person ist das Recht auf Leben."[25] Es steht weder dem Staat noch der Gesellschaft zu, den einen dieses Recht anzuerkennen und den anderen zu verwehren. Außerdem gilt dieses Recht unabhängig vom Lebensalter, denn es gilt dem Greis und dem unheilbar Kranken, also auch dem Fötus. Dieses Leben beginnt mit der Befruchtung und gehört nicht den Eltern, sondern es ist eigenständig.[26]

Desweiteren muss der Wert des Lebens anerkannt werden, denn dieses wurde von Gott geschaffen. Auch wenn es nur eine bestimmte Zeitspanne andauert, war dieses nicht Gottes Absicht. Nicht Gott hat den Tod geschaffen, sondern des Teufels Neid. "Gott [ist] nicht ein Gott der Toten […], sondern der Lebenden" (Mt 22,32), da der Tot durch die Auferstehung besiegt wird. Deswegen ist menschliches Leben kostbar. Es entsteht durch den Schöpfer und wird durch ihn wieder genommen.[27]

Da nur Gott das Leben wieder nehmen darf und das Recht auf Leben jedem menschlichen Lebewesen zusteht, unabhängig vom Alter, ist eine Abtreibung nicht legitim.

5. Zusammenfassung und Bewertung der Ergebnisse

Schlussfolgernd stellt Abtreibung aus kirchlicher Sicht Tötung dar, was ein schweres Vergehen ist und mit Exkommunikation bestraft wird. Denn jedem Lebewesen steht seit der Befruchtung ein Recht auf Leben zu, welches zu bewahren und zu erhalten ist, denn dieses Leben wurde von Gott geschaffen und kann auch nur von ihm wieder genommen werden.

Aus der philosophischen Sicht hingegen lässt die Frage, ob Abtreibung Tötung ist, auch andere Beantwortungsmöglichkeiten zu. Aufgrund mangelndem Ichbewusstseins und Überlebensinteresses des Fötus, der

---

[25] Von den deutschen Bischöfen approbierte Übersetzung, *Kongregation für die Glaubenslehre*, Erklärung über den Schwangerschaftsabbruch, Paulinus-Verlag, 1975 Trier, S.39.
[26] Von den deutschen Bischöfen approbierte Übersetzung, a.a.O., S.39-41.
[27] Vgl. Von den deutschen Bischöfen approbierte Übersetzung, a.a.O., S.29.

somit nicht als Person angesehen wird, wäre eine Abtreibung legitim. Man könnte ihn trotzdem als Person ansehen, wenn man bedenkt, dass er sich unter normalen Umständen zu einer eigenständigen Person entwickelt und weil er der Spezies Homo sapiens angehört. Dann wäre eine Abtreibung wiederum Tötung.

Aus medizinischer Sicht ist diese Frage nicht zu beantworten. Der Fötus besitzt zwar seit der Geburt die DNA, die seine individuelle Person her vorbestimmt, jedoch lässt sich nicht klären, ob der Fötus das Bewusstsein besitzt, die Abtreibung zu spüren.

Aus meiner Sicht ist Abtreibung keine Tötung, wenn man diese im Anfangsstadium bis zur 12.Woche vornimmt, so wie es das Gesetz zulässt. Man sollte die Entwicklung des Fötus jedoch nicht zu weit fortschreiten lassen. Meiner Meinung nach ist der Fötus keine Person aufgrund mangelndes Ichbewusstseins und Rationalität. Obwohl er zur Spezies Homo sapiens angehört, reicht dies nicht aus und ist außerdem willkürlich gewählt. Desweiteren wird sich die Schwangere wohl gut überlegt haben, ob sie wirklich abtreiben möchte. Denn oft gibt es kaum eine andere Möglichkeit, zum Beispiel, wenn die Schwangere minderjährig ist, das Kind unter dem Existenzminimum leben müsste, bei Vergewaltigung oder wenn eine Scheidung der Eltern bevorsteht, von denen sich keiner dazu bereiterklärt, sich um das Kind zu kümmern.

Trotzdem respektiere ich die Sicht der Kirche, dass jedem menschlichen Individuum ein Recht auf Leben zusteht und dieses zu schützen ist. Doch meiner Meinung nach ist es Zeit für einen Wandel der kirchlichen Vorstellung, die zu sehr auf alten Traditionen beruht. Denn die Gesellschaft durchläuft einen kontinuierlichen Wandel, unter anderem auch der Werte- und Normenvorstellungen. Dieses wird auch deutlich durch die hohe Scheidungsrate und, dass bei vielen die eigene Karriere über dem Kinderwunsch steht. Deshalb sollte die Kirche ihre Sichtweise der heutigen Zeit anpassen und eine Abtreibung bis zu einem bestimmten Stadium und aus guten Gründen zulassen.

BEI GRIN MACHT SICH IHR WISSEN BEZAHLT

- Wir veröffentlichen Ihre Hausarbeit, Bachelor- und Masterarbeit

- Ihr eigenes eBook und Buch - weltweit in allen wichtigen Shops

- Verdienen Sie an jedem Verkauf

Jetzt bei www.GRIN.com hochladen und kostenlos publizieren